Unterwegs sind wir alle
Gisela Stumm

AF286470

Unterwegs sind wir alle

Gedichte und lyrische Betrachtungen
von Gisela Stumm

mit Bildern von Evita Gründler

Originalausgabe

2005

Herausgeberin: Gisela Stumm
Textgestaltung: Die Autorin
Bilder: Evita Gründler
(Originale 80 x 80 cm, Acryl auf Holz)
Digitale Unterstützung: Sabine Preußer

Die Rechte
an den Texten liegen bei der Autorin,
an den Bildern bei der Malerin.

Herstellung und Verlag
Books on Demand GmbH,
Norderstedt

                            ISBN 3 - 8334 - 2927 – 5

Inhaltsverzeichnis

Erstes Kapitel
In Gedankenwelten

Sequenzen 13
Wechselspiel..15
Zauberland der Träume 17
Schäferstunden..19
Tollkirsche 20
Konträr 21
Grenze 23
Verregneter Sommer 25
Promille 27
Arbeislosen-Klage 28
Grenzerfahrung.......................................29
Dein Weg 31
Liebe, unergründlich 32
Im Schatten deiner Flügel.......................33
Tiefe 35
Kann nur, wenn.......................................36
Der Wunsch...37
Reise in die Erinnerung...........................38

Zweites Kapitel
Fern von Zuhaus

Grüß Gott 42
Meine Insel 44
Bombolo 46
Italienische Impressionen 48
Wandern auf Kreta...................................51
Wüstenschiff im gelben Sand.................56
Afrika 59

In Eintracht 61
Kontraste 62
Das Labyrinth...68
Köpfe denken, Herzen lenken 71

Drittes Kapitel
Auf besinnlichen Pfaden

Mystische Stille...75
Schöpfungsakt und Lebenskreis 77
Energie durch Zuwendung 79
Herbstliches..80
Winterspaziergang 81
Perspektiven 82
Davongekommen 83
Heimkehr 85
Wie wird es sein...87
Engel mit Harfe..89
Gefühle..90
Verwehtes Lied 91
Siechtum 92
Genug...93
Am Rand des Schweigens.......................94
In der Allee 95
Das Blütenbett..97
Trost 99
Straße zum Finale *(zum Titelbild)* 101
Aufbruch aus der Stille........................ 102

Anhang

Bildernachweis 104
Widmungen und Ideengeber............. 106
Wortschöpfer... 109

Für meine Freunde

und für alle

die mit mir unterwegs sind

Unterwegs

sind wir alle

irgendwie

irgendwo

irgendwann

unterwegs sind wir alle

solange die Erde sich dreht
sich alles Dasein bewegt
unterwegs sein heißt Leben
im Nehmen und Geben
unterwegs in der eigenen Zeit
zum Abschied nehmen bereit

unterwegs sind wir alle

Erstes Kapitel

In Gedankenwelten

... nur eine Note
in der Melodie des Lebens ...

Sequenzen

Der Mensch allein
nur eine Note
in der Melodie
des Lebens

gemeinsam
als ein Kanon
der niemals
enden will

Sinfonien schwerelos
im Weltgefüge
eines großen
Dirigenten

... durch alle Jahreszeiten das
bleibende Gesetz der Wiederholung ...

Wechselspiel

Im Wechselspiel
von Licht und Schatten
geht jeder Mensch
seinen Pfad allein,
bis sich Wege kreuzen,
die eine Neuentscheidung
von ihm fordern. Soll er links,
soll er rechts abbiegen
oder auf der alten
Linie bleiben?

Dem Leben zugewandt,
dem Leben abgewandt,
ein Zusammentreffen,
ein Miteinandergehen,
ein Sichverlassen,
ein Sichselberfinden
und ein Neubeginn.
Durch alle Jahreszeiten
das bleibende Gesetz
der Wiederholung.

Unser ganzes Dasein
beruht auf einem
intonierten Leben,
einer einzigartigen
Komposition
aus Raum und Zeit,
und immer wieder
Sehnsuchtsmelodien,
die der Wind
in unsre Herzen weht.

... im Zauberland der Träume ...

Zauberland

der Träume

Im Zauberland der Träume
explodieren deine Wünsche
im Vulkan.
Geballte Energie
überrollt die Ängste.
Wogen des Begehrens
brechen ungehindert
starre Konventionen.
Deine Sorgen
ziehen Flügel an.

Wenn erstes Morgenlicht
die dunkle Nacht
in helle Farben kleidet,
sich das Blau des Himmels
mit dem Lebensgrün vermählt,
öffnest du verträumt
die Augen
und umarmst
mit schöpferischer Kraft
deinen neuen Tag.

... ich fiel in deine offenen Arme
an dein pochendes Herz ...

Schäferstunden

Ich fiel von der Stufe
in deine offenen Arme
an dein pochendes Herz.
Endlich! Du hättest lange
darauf gewartet.

Zärtliche Liebe
und innige Wärme
erfüllten mich ganz und gar.
Sie ließen mich reifen
in stillem Erleben.

Wir lauschten
der Flöte des Pans
und tanzten barfuß
auf blühenden Hügeln
unsere Sehnsüchte aus.

Tränen des Abschieds
quollen wie Lava
durch meine Seele.
Mit dir verloren sich
meine tiefsten Gefühle.

Panflötenklänge erwecken
immer wieder aufs Neue
die Wehmut in mir und
die Erinnerung an jene
unwiederbringliche Zeit.

*T*ollkirsche

Haben gemeinsam
von der Tollkirsche gegessen
ihr köstlicher Saft
hat uns die Sinne geraubt
Entdeckung
unserer nackten Seelen
schieben die Schuld
auf die Schlange
wollen nicht alleine
die Verantwortung tragen

Wer von uns beiden
ist stark genug
das gefährliche Gift
zu überleben
wollen nicht sterben
bitten um Gegenmedizin

Wer kann sie heilen
unsre liebeskranken Seelen
mit den nimmersatten Begierden
wir sind unschuldige Opfer
unserer starken Gefühle
der Himmel
soll unser Zeuge sein
ist nicht er der Schöpfer
des kleinen Vorgeschmacks
auf das verlorene Paradies?

Konträr

Du stellst mir ein Bein
und breitest deine Arme aus

Du schlägst mich
und pflegst meine Wunden

Du stößt mich von der Klippe
und fängst mich unten auf

Du lässt mich dürsten
und reichst mir roten Wein

Du lässt mich hungern
und fütterst mich mit Schokolade

Und ich, ich schweige
und frage mich: warum

... die Grenze trennt Gutes und Böses ...

Grenze

Nicht zwischen Ländern
verläuft sie
die Grenze
sie zieht sich
durchs menschliche Herz
ist spürbar
die Grenze
trennt Gutes und Böses
beweglich ist sie
die Grenze
verschiebt sich
im Laufe der eigenen Zeit
in welche Richtung
das bestimmst du

... zwischen zwei Regen
ein paar Blumen ...

Verregneter Sommer

Viel zu früh
hat der Sommer
das Weite gesucht
kalte Winde
verwehten pulsierendes Leben
in den kleinen Gassen der Stadt

Zeugen eines Spaziergangs
zwischen zwei Regen
ein paar Wiesenblumen
zum Pressen plattgedrückt
von dreihundert Seiten
eines Versandhauskatalogs

Irgendwie
fühl' ich mich betrogen
in diesem Jahr
viel zu geizig
ging der Sommer
mit seiner Sonne um

... vom Fläschchen zur Flasche ...

Promille

vom Gläschen zum Glas
vom Fläschchen zur Flasche
langsames Steigern der Prozente

Promille rasen durch Kopf und Beine
vor deinen glasigen Augen
tanzen wilde Gestalten

Gehirn-Schaltstellen-Blockaden
führen zu Denkverschlüssen
erzeugen Potenzversagen

extreme Gefühle machen sich breit
vom Löwengebrüll zum Hundegewinsel
von Hilflosigkeit zur brutalen Gewalt

löse dich aus der Verbannung des Teufels
verfluche das brennende Feuer
das deine Seele langsam verschlingt

greife nach der dich rettenden Hand
Hilfe zur Selbsthilfe weist dir den Weg
zu einer starken Verbindung

Arbeitslosen-Klage

Ständiges Loch
im Portemonnaie
die Decke fällt
mir auf den Kopf
das Stimmungsbarometer
sinkt auf Null
ich friere

Wer hilft mir
die Mäulchen meiner Kinder
zu stopfen
Annoncen - Arbeitsamt ... zero
Mutlosigkeit
zehrt an den Kräften

Schlage mir
im Gegensatz zu früher
Musik von Wagner um die Ohren
halte sie aus
ertrage sie jetzt

Vorbei ist der Sommer
trostloser Winter wird folgen
das Rufen nach einem Arbeitsplatz
wird ersticken im Schnee

Verharren unter der Eisdecke
wie eine Krokusblüte
warten auf den Frühling

Mutlosigkeit und Hoffnung
reichen sich die Hand

Grenzerfahrung

Ausgebrannt und leer
bin ich, ein Wanderer
auf dunkler Straße
mit Trübsal im Gepäck.
Ohne Licht am Horizont
bleib' ich ein Gefangener
in meinem kleinen ICH.

Du öffnest die Begrenzung
meiner schwarzen Bahn,
lässt mich endlich
durch meine Zäune blicken,
hohe Mauern überwinden
und weist mir einen Weg
in deine farbenfrohe Welt.

... im Lichtschein der Sonne erkannte
dein Herz seinen Weg ...

Dein Weg

Vergebens
zogst du dein Netz
durch das Wasser
der trüben Gedanken

am nachtklaren Himmel
führte dein Griff
nach den Sternen
ins Leere

im Lichtschein
der Sonne
erkannte dein Herz
seinen Weg

Liebe, unergründlich

Als ich jung war
wuchs sie heran
diese Liebe, unergründlich

Im Sturm hab ich mit ihr
andere erobert, wie viele
weiß ich nicht mehr

Dann schlief sie ein
diese Liebe, unergründlich
hatte mich damit abgefunden

Wie ein Wunder
erwachte sie plötzlich
aus dem Dornröschenschlaf

Sie ließ mich erblühen
zu neuem Leben
diese Liebe, unergründlich

und mit ihr
das Gefühl für ein
Wiedergeborensein

Man braucht sehr lange
um jung zu werden
sagte Pablo Picasso

*I*m *S*chatten
deiner *F*lügel

Im Schatten deiner Flügel
fühl' ich mich geborgen

wenn mein Herz
im Takt mit deinem schlägt
wir zu einer Welt verschmelzen
in der die Liebe wohnt

wenn wir das Glück
mit allen Sinnen spüren
haben wir das Ziel erreicht
nach dem wir alle streben

Im Schatten deiner Flügel
darf ruhen mein Geschick

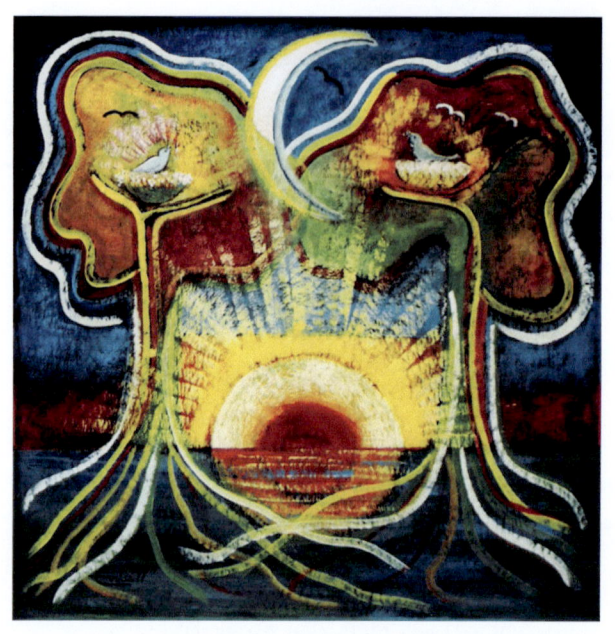

... Bäume am Ufer verbinden
Wasser und Himmel ...

Tiefe

Wirklichkeiten gespiegelt
in der Stille des Sees
Bäume am Ufer
verbinden Wasser und Himmel
du aber siehst nicht den Grund
sondern nur das
was vor Augen liegt

Spürst du die Unwichtigkeit
von Besitz und Erfolg
löst du dich von dir selbst
und fühlst dich viel stärker
als Teil eines Ganzen
dein inneres Wesen
stellt neue Fragen

Begnüge dich nicht
mit der Oberfläche
Geheimnisse des Lebens
verbergen sich
nur in der Tiefe
ausloten kannst du sie nicht
aber erahnen

Kann nur, wenn ...

Kann nur Freude verbreiten
wenn ich selber Freude spüre

kann nur Liebe schenken
wenn ich selber liebe

kann nur gütig sein
wenn ich mein Herz weit öffne

kann nur Schuld verzeihen
wenn ich selber schuldig bin

kann nur Kräfte schöpfen
wenn tief gewurzelt ist der Glaube

Der Wunsch

Aus heitrem Himmel
kommt er angeflogen.
Du fängst ihn
mit dem Herzen auf.
Lädst du ihn ein,
nur zu verweilen,
drängt er mit Übermacht
zum Dauerlauf.

An allen Plätzen
dieser Welt
strebt der Mensch
nach Glücksgefühl.
Ist dem Wunsch
der Wunsch erfüllt,
gebiert er 1000 Junge
zu neuem Ziel.

Lass angeflogne Wünsche
nicht zu übermächtig werden,
bescheide dich
in deinem kleinen Glück.
Ein Raum hat nur vier Wände.
Stellst du dein Fenster zu,
verwehrst du dir
den besten Blick.

Reise

in die Erinnerung

Es kann sein,
dass wir im Rückblick auf
unsere vergangenen Jahre
die Verknüpfung
der vielen Fäden entdecken,
die unserem Leben
Halt gegeben haben.

Es kann sein,
dass wir in einem Augenblick
der Verklärtheit glauben,
den Sinn für erfahrene Höhen
und erlittene Tiefen zu erkennen.

Jene Momente
können uns der Weisheit
etwas näher bringen.
Nachdenklich betrachten wir
unsere Gegenwart
und geben uns selbst
das Versprechen,
sie zukünftig bewusster zu leben,
selbst im kleinsten Detail.

Die Generation unserer Eltern
stirbt langsam aus.
Wir sind es jetzt,
die ihren Spuren folgen, wir,
in den Augen unserer Kinder
längst die Alten.

In besonderem Maße sorgen Fotos
aus voran gegangener Zeit
für die Beweise,
dass wir von außen betrachtet
nicht mehr die Jüngsten sind.

Wissen und Unwissen,
Weisheit und Naivität
geben jedem von uns ein
unverwechselbares,
inneres Gesicht.

Empfindlichkeiten kehren sich
langsam um in Gelassenheit.
Nur die Liebe
und die damit
verbundenen Emotionen
erscheinen uns unverändert.

Schließlich macht uns der Rückblick
auf die Vergangenheit bewusst,
dass wir Alten
uns von den Jüngeren
unterscheiden
durch ein besonderes Attribut:
Es ist die erworbene Fähigkeit
zum Reisen in die Erinnerung.

Zweites Kapitel

Fern von Zuhaus

Grüß Gott

Der Gipfel unsres Berges ruft.
Im Wohlklang läuten Kuhglocken
zum Aufstieg in den Himmelsdom.
Grüß Gott...Grüß Gott...Grüß Gott...
Unter unsren Wanderschuhen
knirscht der grobe Kies.
Auf den saftig grünen Wiesen,
zwischen Enzian und Eisenhut,
dampfen frisch gelegte Tellerminen.
Mit sanftem Augenaufschlag
glotzt uns das Rindvieh nach,
fast taub geworden
vom ewigen Gebimmel
seiner Glocken,
die sie vereinen
zum tierischen Orchester
der hoch gelegenen
Sommerwiesen,
aus denen mehr als
hundert Silberdisteln
wie kleine Sonnen
uns entgegenstrahlen.
Grüß Gott!
Vom letzten steilen Aufstieg
schweiß gebadet
umarmen wir beglückt
das hohe Gipfelkreuz,
das in den blauen Himmel ragt
und uns zum Innehalten mahnt.

Grüß Gott!
Der Wind zerzaust das Haar
und bläst sein Lied in unsre Ohren:
Grüß Gott!
Andachtsvoll schweift unser Blick
in weite Ferne,
von Kreuz zu Kreuz, von Tal zu Tal.
Gedanken gleiten auf und nieder,
schrauben sich langsam
in die Höhe, wie ein Adler.
Des Lebens Schwere verwandelt
sich in einen kleinen Punkt
und löst sich schließlich auf im All.
Grüß Gott!
Sommertage, Welt der Berge,
Schönheit der Natur.
Doch wir sind nicht allein.
Wenn sich beim Aufstieg
in den Himmelsdom
fremde Wanderer begegnen,
Jung und Alt, gut zu Fuß
mit geschnürten Schuhen,
dann ertönt aus aller Munde
stets ein freundliches
"Grüß Gott!"

Meine Insel

Immer wieder
erfasst mich so ein
wundersames Glück,
denk ich
an meine Insel
Spiekeroog zurück.

Vor meinen Augen
das stark bewegte Meer.
Vom linken Horizont
hinüber bis zum rechten
der Himmel über mir
wie eine große Glocke.
Unter meinen Füßen
gibt einen festen Stand
der Küstensand.

Mein Lebenselixier,
das ist der Wind,
der mit reiner Energie
die Lungenflügel stärkt,
das ist der Sonnenstrahl,
der bis ins Herz mir dringt,
das sind die weißen Wolken,
auf denen sich die Träume wiegen
und mit meiner Seele fliegen.

Allein geh ich am Strand entlang,
aber einsam bin ich nie.
Ich fühle mich als Teilchen
eines großen Ganzen,

eingebunden in den Lebenskreis
jener Schöpfungsmacht,
vor der ich mich hier
erfurchtsvoll verneige -
und meine leeren Hände zeige.

Immer wieder
erfasst mich so ein
wundersames Glück,
denk ich
an meine Insel
Spiekeroog zurück.

Bombolo

Ein wahres Märchen

Ein Mensch,
überdrüssig seines Tuns,
warf seine Siebenmeilenstiefel
in das Meer.
"Die Sicherheit ist eine Illusion!
Wirf alles Alte hinter dich,
erst dann kann
Neues sich entfalten",
dies machte er
zum Motto seines Lebens.

Barfüßig durchstreifte er
die Kontinente,
bis seine Hornhaut brannte,
Dornen sich ins Fleisch eingruben,
scharfe Kanten
tiefe Wunden ritzten.
Verzweifelt suchte er den Schlüssel,
der ihm das große Tor zum Weg
der inneren Weisheit öffnen sollte.

Klosterbrüder lehrten ihn,
abgeschieden von der Welt,
das Schweigen in Versenkung.
Es schien, als sei er eine Larve,
die in aller Stille
sich verpuppte und
bis zur Entfaltung ihrer Flügel
stille halten musste.

Eines Tages flog das Wesen,
innerlich geläutert,
zurück auf seine Insel.
Aus heiterem Himmel regneten
alsbald tausend Sterne
in den Garten seiner Finca.
"Bombolo!" jubelte der Mensch,
der glückliche,
und fing den Reichtum
mit dem Herzen auf.

Mit einem Male spürte er,
wie in seinem Körper
ein Vulkan ausbrach.
Gefühle sprühten Feuer,
Erlebniswelten explodierten,
wie Lava drängten
bunte Farben an das Licht,
ergossen sich in heißen Strömen
über eine jungfräuliche Leinwand.

Unter vielen Schmerzen
eine Neugeburt.
Der Ewig-Suchende
fand zu sich selbst zurück,
Bombolo, ein Lebenskünstler,
der sich an seinem
inneren Feuer wärmt
und mit seinem Herzblut
tausend Bilder malt.

Italienische Impressionen

Sorrent, Amalfi, Ravello,
ein Steinwurf entfernt
die Insel Capri,
alles wohlklingende Namen.
Wie Musik in den Ohren
das Rauschen des Meeres.
An den steilen Klippen
kleben wie Vogelnester
Häuser in festlichem Gewand
aus Bougainvilleen und Glyzinien.
Überall grüßen reife Zitronen,
strömt aus Orangenplantagen
betörender Blütenduft,
zwitschern Amsel und Grünfink
ihre Frühlingslieder,
trällern Zaunkönig und
Mönchsgrasmücke um die Wette.
Leichter Wellenschlag kitzelt
die Felsvorsprünge der steilen Küste
und zieht streichelnd
über die kleinen Strände hinweg.
Obwohl hier der Mensch
wie im Himmel wohnt,
sind ihm nicht Flügel gewachsen.
Mühsam baute er schmale Straßen,
die wie ein Band die
fruchtbaren Hänge der Obst- und
Weinterrassen durchziehen und
kleine Dörfer mit altehrwürdigen
Städten verknüpfen.
Auf engen, gefahrvollen Strecken
quetschen sich hupende Autos
aneinander vorbei,

sitzen in breiten Bussen
Touristen mit betenden Händen
und folgen den Augen
des italienischen Reiseleiters.
"Meine Damen und Herren,
betrachten Sie die
schneeweißen Häuser da oben
und die schöne, alte Kathedrale!
Genießen Sie diese Landschaft!
Dort hinten, über dem Golf
von Neapel, sehen Sie *il Vesuvio*,
gekrönt mit einem Wolkenkranz."
"Eng-gelchen", ruft er seine Gäste,
wenn er sie um sich schart.
Sie aber hoffen nur, dass sie alle
die Ausflugsfahrt heil überstehen
und nicht am Ende, anstatt im
Hotel, als Engel im Himmel landen.
Doch mit Gelassenheit steuern
die Fahrer ihre kostbare Fracht
um die unübersichtlichen Kurven.
Alle hätten einen Pokal verdient!
Dieses Fleckchen Erde,
bereits seit alter Zeit
von Künstlern und Dichtern
hundertfach besungen,
hat die Herzen der Menschen
aus aller Welt erobert.
Nach ihrer Tagestour
glücklich zurückgekehrt,
versammeln sie sich abends
auf der Hotelterrasse mit Meeresblick,
um sich bei einem Gläschen Rotwein
aufs neue entzücken zu lassen,
wie bei Capri
die rote Sonne
im Meer versinkt.

... während laue Winde auf den Wellen
reiten, zieht es uns auf lichte Höhen ...

Wandern auf Kreta

"Kalimera!"

Wenn das frühlingshafte Kreta
ein Gewand aus bunten Blüten trägt
und Aromadüfte ungezählter Kräuter
das geliebte Land durchziehen,
schnüren wir die Wanderstiefel,
um den Sitz der Götter zu erobern.

Während laue Winde
auf den Wellen reiten,
über weiße Kieselsteine streicheln
und im hellen Sand zerfließen,
zieht es uns auf lichte Höhen.

Zwischen Oregano,
Thymian und Minze
summen Bienen tausendfach
für einen süßen Gaumenkitzel.

Nicht wissend,
was ein Osterlamm bedeutet,
gönnen Schafe sich
das frische Gras
als Leckerbissen
und zum Wohlergehen.

Wie ein Schäfer
seine Herde lenkt,
weist der Wanderführer
uns den Weg,
bewacht sein treuer Hund
die Gruppe.

Erbarmungslos
drückt uns die heiße Sonne
ihr Brandmal auf die Haut.
Ein kleines laues Lüftchen
verwandelt unseren Schweiß
in Kühlung.

Plötzlich heften alle Augen sich
an einen weißen Punkt
in weiter Ferne,
der sich beim Näherkommen
als griechisch-orthodoxes
Heiligtum erweist,
eine seelische Oase
für die Suchenden.
Im Schein duftender Honigkerzen
stimmen wir für Gott
ein Loblied an.

Weiter geht's auf Schusters Rappen
durch blühende Olivenhaine,
vorbei an Rebstöcken
und Zitrusbäumen.

Wie ein Adernetz durchzieht
das Bewässerungssystem die Felder,
von denen mehrmals jährlich
Kartoffel- und Gemüseernten
eingefahren werden.
Das könnte an ein
Paradies erinnern,
doch fällt die Ernte
niemand in den Schoß,
denn einzig und allein
ist es des Kreters Fleiß,
der ihn zum Landschafts-
gärtner macht, dort,
wo sich's lohnt,
gesunde Nahrung zu erzeugen,
vor allem das Olivenöl,
dies gold'ne Elixier
als Garant für hohes Lebensalter.

Gemütlich und bequem
lässt sich ein Bauer
von seinem braven Esel tragen.
Der Alte schert sich nicht
um die minoische Kultur der Insel.
Das sei eher etwas
für Studierte und Touristen,
meint er, grüßt uns freundlich
und zieht bescheiden
seiner Wege.

In einem schmalen Flussbett
- seit Tagen ausgetrocknet -
durchwandern wir ein Blütenmeer
aus rosarotem Oleander,
der in feuchter Tiefe wurzelt
und hier seine Speicher füllt -
wie das Wundertier Kamel
vor einem langen Wüstenritt.

An hohen Felsvorsprüngen
führen wilde Ziegen
uns ein Schauspiel vor,
das uns den Atem stocken lässt.
Behende springen sie
von Wand zu Wand,
um vor der nahen Trockenzeit
die letzten grünen Stengel
abzugrasen.

Wir dagegen überwinden
nur mühsam Stein um Stein,
Geröll und heißen Sand,
bestaunen
ausgewasch'ne Höhlen
und immer wieder
die bizarre Landschaft,
von wilden Fluten jetzt verlassen,
den regenfreien Sommerwochen
offen preisgegeben.

Die Sonne nähert sich
dem Horizont.
Langsam erinnern
schwere Beine
an die versproch'ne Rast,
dort, wo das breite
Flussbett mündet.

In freudiger Erwartung
stellen wir uns vor,
wie nimmermüde Wellen
den Saum des Mittelmeeres
küssen. Unsere Fantasie
malt sich in die Wolken
eine weiße Finca
und reich gedeckte Tische.

Flügel wachsen uns
beim ersten Anblick
eines strohgedeckten Hauses,
direkt am Strand.

Empfangen werden wir
von Fremden
wie gute alte Freunde.
Serviert wird griechischer Salat
und dunkelroter Wein.
Wonnetrunken tauschten wir
dies bescheidene Glück
mit keiner Fürstentafel ein.

"Kalispera!"

Wüstenschiff

im gelben Sand

Heißer Sand und Sonnenglut.
Des Fremden Zunge klebt am Gaumen.
Hoffnungsvoller Blick zum Horizont.
In der Ferne Flimmerwelt,
Wasserglitzern trügerisch.
Von Ost nach West
das Schweben einer Karawane.

Mit einem Mal ein dunkler Punkt,
der wächst und wächst,
sich tanzend nähert.
Konturen verwandeln sich
zu einem Dromedar,
das mit leisem Schaben
den ockergelben Sand durchpflügt.

Auf hohem Sattel
thront ein stolzer Reiter
in indigofarbenem Gewand.
Ihn und sein treues Tier schmücken
silbern eingefasste Karneole.
In der Lederscheide
ein ziseliertes Schwert.

Als Schutz vor Sonne, Sand und Wind
ein schwarzer Turban und der Schleier.
Augen, mit Kajal umrandet,
sprühen Feuerfunken.
Braves Wüstenschiff kniet nieder.
Dem Fremden eine stumme Geste
für einen Weiterritt zu zweit.

Die Hitze macht das Atmen schwer.
Trancezustand im Schaukelgang.
Im Delirium ein Träumen:
Wasserläufe, Dattelpalmen,
Blick in freundliche Gesichter.
Gerettet vor der Einsamkeit,
vor dem sicheren Tod - gerettet.

... brich mit den Seinen gemeinsam
das Lebensbrot ...

Afrika

Die rote Erde
verwundet
durch unser Schwert

Wir, die Ausbeuter
bedienen
unsre Habgier

Auf den Bildschirmen
abgehakt
Hungerleichen

Kain, warum reichst du
dem Bruder
nicht deine Hand

Brich mit den Seinen
gemeinsam
das Lebensbrot

Im Garten Eden
sind Tische
für alle gedeckt

... Warum weinen? Lass uns in Eintracht
lachen, lieben und leben ...

In Eintracht

weinen
warum weinen
lachen

hassen
warum hassen
lieben

töten
warum töten
leben

unser kurzes Dasein
ist viel zu schade
zum Weinen
zum Hassen
zum Töten

so lass uns
in Eintracht
lachen
lieben
und leben

Gegensätze

Am Rande der Sahara
dürstet in der heißen Sonne
eine trockene, rostrote Erde.
Meine Fußspuren im Sande dort
sind längst verweht.
Diese Jahre in der Fremde
haben sind verwoben
mit den Fasern meines Herzens.

Wieder fest im Griff
hat mich das Leben
hier in einem Land, in dem
Milch und Honig fließen.
Starke Gegensätze
lassen die Gedanken kreisen
und Erinnerungen auferstehen.

Es ist leicht,
den verchromten Hahn
aufzudrehen.
Es ist leicht,
das Trinkwasser
in den Ausguss zu schütten.
Es ist leicht,
das WC zu spülen.
Gedankenlos.

Wenn ich die Augen schließe,
spüre ich wieder
die sengende Hitze
auf meiner Haut.

Ich sehe vor mir
den rissigen, ausgedörrten Boden.
Mir begegnen Kolonnen
barfüßiger Mädchen und Frauen,
balancierend mit einer drückenden
Wasserlast auf dem Kopf.
Das Kleinkind, in einem Tuch
auf den Rücken gebunden,
beschwert ihren aufrechten Gang.
Entkräftet kehren sie zurück
vom Rinnsal eines stunden-
weit entfernten Flusses.
Das Suchen nach Wasser-
restbeständen nimmt kein Ende.
Durch die sich weiter
verbreitende Klimaverschiebung
versanden immer mehr
Flüsse und Seen.

Das Ende der heißen Trockenzeit
kündigen starke Gewitter an.
Im Nu verwandelt sich
der steinharte Boden
in einen einzigen See.
Mit lautem Getöse
klatschen auf seine Oberfläche
riesengroße Regentropfen,
die in aufgeschäumten
Blasen ertrinken.
Planlos formt sich das Wasser
eigene Bahnen,
schießt in breiten, tiefen Furchen
quer über Wege
und Laterit-Straßen. Es macht
für alle Kraftfahrzeuge
die Fahrbahn unpassierbar,
stundenlang.

Das Steigen
des Grundwasserspiegels speist
einen längst versiegten Brunnen
und lässt ihn wieder
für wenige Wochen
zum belebten Mittelpunkt
des Dorfes werden.

Es ist leicht,
den riesigen Supermarkt
aufzusuchen.
Es ist leicht,
aus seinem Überangebot
zu wählen.

Wenn ich die Augen schließe,
spüre ich wieder
die sengende Hitze
auf meiner Haut.

Ich sehe vor mir
ausgemergelte Frauenkörper,
wie sie mit der kurzen Hacke
den harten Boden aufreißen,
stundenlang und
in gebückter Haltung,
wie sie ein paar Samenkörner
streuen oder eine
karge Ernte einbringen.
Zum Tauschen
ihrer kleinen Angebote
versammeln sie sich auf dem
kilometerweit entfernten Markt.
Lautstark feilschen sie
um Hirse, Mais und Maniok
und um eine Handvoll

getrockneten Fischabfall
als Aroma
für ihre chilischarfen Soßen.

Es ist leicht,
einen Kochherd anzudrehen.
Es ist leicht,
die Mikrowelle zu bedienen.
Es ist leicht,
das Essen auf den Tisch
zu bringen.

Wenn ich die Augen schließe,
spüre ich wieder
die sengende Hitze
auf meiner Haut.

Ich sehe vor mir
erschöpfte Frauen und Kinder,
wie sie nach einem Tagesmarsch
ihre Köpfe von der
harten Last befreien,
eine Ausbeute ihrer
ungeschützten Landschaft.
Es sind frische Zweige
und abgebrochene Äste
für die Zubereitung
einer warmen Mahlzeit.

Steigen Rauchfahnen
in den Himmel,
wirbeln kleine Rußpartikel
durch die Luft,
macht ein ekliger Geruch
das Atmen schwer,
dann ziehen von Hand

gelegte Buschfeuer
verheerend durch
die trocknen Steppen,
schädigen die letzten Bäume,
vernichten einen Mikrokosmos.
In Todesangst
flüchtet das begehrte Wild.
Geplant läuft es
in die Arme ihrer Häscher.
Sie und ihre vielen Kinder
wollen leben. Heute!
Morgen ... frisst sich die Sahara
weiter in das Land hinein.

Es ist leicht,
den Lichtschalter
anzuknipsen.
Es ist leicht,
unsere Nacht
zum Tag zu machen.

Mein geistiges Auge
tastet sich langsam
durch eine samtweiche Dunkelheit.
Unweit fixiere ich
lustig flackernde Punkte,
Oellämpchen, gebastelt
aus rostigen Sardinendosen.
Fröhliches Lachen übertönt
das laute Zirpen der Zikaden.

Mit einem Male
explodiert Lebendigkeit.
Taramtamtam,
taramtamtam,
taramtamtam!

Wilder Trommelwirbel
kündigt ein Stammesfest an.
Beschwörend
lassen die Menschen sich fallen
in ihre Welt der Ekstase.

Das Dröhnen der Bongos
pflanzt sich fort durch die Steppe
und verhallt in weiter Ferne
am nachtschwarzen Horizont.
Dort steht der 'Große Wagen'
auf dem Kopf,
und über mir,
in einem Sternenmeer,
funkelt diamantengleich
das berühmte 'Kreuz des Südens'.
Sehnsuchtsvoll
und in Gedanken an Daheim
wendet sich mein Herz
dem Himmel zu.

Am Rande der Sahara
darben in der heißen Sonne
Menschen ohne Chancen.
Ich dagegen
lebe hier in einem Land,
in dem Milch und Honig fließen.

Meine Jahre in der Fremde
haben sich verwoben
mit den Fasern meines Herzens
und schenken mir Visionen
für eine bessere Verteilung
unserer Ressourcen.
Nur Visionen?

Das Labyrinth

Ich träumte einen Traum.

In einem Labyrinth
auf verschlung'nen Wegen
trafen aufeinander
die Weißen und die Schwarzen,
die Roten und die Gelben.
Jeder suchte einen Ausgang.

Alle hatten Hunger nach dem Leben,
alle hatten Lust auf Liebe.
Doch jeder dachte nur an sich.
An den düsteren Fassaden
ohne Fenster, ohne Türen,
prallte ihre Sehnsucht ab.

Hohe Mauern warfen Schatten,
unerreichbar schien das Licht.
Jeder rief in seiner Sprache:
"Ich will hier raus!"
Das Echo schlug an starre Wände.

Ich träumte einen Traum.

Die Weißen und die Schwarzen,
die Roten und die Gelben
öffneten die Herzen.
Da drang Helligkeit ins Labyrinth.
Fremde reichten sich die Hand.
Als starke Menschenkette
zogen sie gemeinsam in ihr Ziel.

An einem runden Tisch
saßen sie als Freunde.
Über ihnen ließ der Himmel
Manna regnen,
und alle, alle wurden satt.

Ich träumte einen Traum.

Als ich erwachte,
stand ich in einem Labyrinth
mit meterhohen Wänden.
Aus tausend kleinen Fenstern
fiel helles Licht auf meinen Weg.

... nimmt der Unendliche
die dunklen Masken ab ...

Köpfe denken
Herzen lenken

Ob Turban oder Hut
ob Schleier oder Haar
des Menschen Kopf verziert
ist einem Herz egal
es schlägt für jedes Haupt
pulsiert den Lebenslauf
ist Kontrollinstanz und
Gedankendirigent

Kopf und Herz regieren
gemeinsam diese Welt
mit Liebe oder Hass
Toleranz oder Zwang

Wenn die Herzen schweigen
verstummen alle Köpfe
mit Turban oder Hut
mit Schleier oder Haar
und von den Gesichtern
der einst Gewesenen
nimmt der Unendliche
die dunklen Masken ab

Drittes Kapitel

Auf besinnlichen Pfaden

... Gebet auf den Lippen, opferbereit ...

Mystische Stille

Am Fuße des Tempels
ausgetreten der Aufstieg
seit uralten Zeiten
Stufe um Stufe
Schritt für Schritt
Pilger und andere - tausendfach

An der Schwelle des Tempels
zusammengekauert
Almosen-Gestalten
der abgemagerten Hand
reichst du ein wenig
von deinem Überfluss

Am Eingang des Tempels
erwartet dich raumtief
mystische Stille
ein magisches Kraftfeld
das dich mit Macht
gefangen hält

Gebet auf den Lippen
aus Tradition oder Glauben
offenen Herzens
suchen und finden
nehmen und geben
opferbereit

An den Saum jenes Tempels
zurückgekehrt spürst du
noch immer die Ruhe in dir
und du hast das Gefühl
als seist du zugleich
mit Himmel und Erde verbunden

... durch die Stätten der Geburten
fließen starke Energien ...

Schöpfungsakt

und Lebenskreis

Über allem strahlt die Klarheit.
Ein kleiner Punkt im Universum
formt sich zu einem Erdenball.
Der Himmel spiegelt Licht
ins Blau der Ozeane,
Lebensquellen
für den Schöpfungsakt.
Durch die Stätten der Geburten
fließen starke Energien.

Sattes Grün
durchzieht das Land,
um uns Wesen -
eingebunden in ein Ganzes -
zu erhalten.
Allumfassendes Naturgesetz
wiederholt sich immer neu.
In dem Salz der Tränen
wohnt das Wunder.

Eines Tages blicken wir
auf unser eignes Werk zurück.
Siehe da, wir sind
uns selber treu geblieben.
Vor unserm inn'ren Auge
zieht der blaue Strom
an uns vorbei,
an seinen grünen Ufern
verhallt Applaus.

Das Lager unsres Schiffes
ist gefüllt bis an den Rand.
Noch liegt das Steuerrad
in unsren Händen.
Kommt die Zeit
der Dämmerstunde
wird sich's wenden.
Dann schließt der Unermessliche
des Menschen Lebenskreis.

Energie
durch Zuwendung

Vom ICH
zum DU
vom DU
zum WIR

Gemeinsam Freude teilen
zusammen Lasten tragen
ungehindert fließen lassen
der Seele Energie
durch uns
zu dir
durch dich
zu mir

Herbstliches

Von Tag zu Tag
verändert sich das Land
Wälder breiten ihren
bunten Blätterteppich aus
Baum-Silhouetten
scheinen filigraner
nur hier und da
hängt an kargen Zweigen
vereinzelt Laub

Wenn kalte Winde
durch die Bäume fegen
werden letzte Blätter
in den Schoß
der Mutter Erde fallen
sich verwandeln
und als Nahrung
neuen Pflanzen
dienlich sein

Mit den Jahren
kommt auf leisen Sohlen
auch mein Herbst
rastlos bin ich
durch die Zeit geflogen
aus meinem Herzen
fallen die Erinnerungen
Samenkörner meiner Liebe
suchen neues Land

Winterspaziergang

Februarsonne
wärmt Vogelgefieder
und dein blasses
Stubengesicht.
Durch tiefen Schnee
schnürst du
die erste Spur im
diamantenbestreuten
Winterflausch.
Auf stillen Fluren
nimmt deine Unruh'
sich eine Auszeit.
Sorge verfängt sich
in einem Zweig
der Douglasie, einst
Zwerg in der Schonung,
nun zum Giganten gewachsen.
Wo ist die Zeit geblieben?
Im kahlen Geäst
beginnen die Vögel
zaghaft zu werben.
Die Februarsonne
hat bereits jetzt
ihre Liebe geweckt.
Über dir zeigt sich
der treue Himmel
in strahlendem Blau.
Ein weißer Mantel bedeckt
im Herbst geschlagenes Holz,
nicht abgeholt.
Vergänglich ist alles,
wie Schnee auf der Hand.
Ins Tal zurück führt dich
die eigene Spur.

Perspektiven

Auf dem dunklen Asphalt
in der Mitte
meiner Straße
zieht er jene helle Linie
zu meiner Sicherheit

Weiß nicht
was mir entgegen kommt
im Engpass
der gefahrenvollen Kurve
ohne seine Leuchtdioden

Im weisen Gebot
der Genügsamkeit
liegt das Bewahren
vor dem Fallen
in ein Netz ohne Boden

Hinter der engen Biegung
erstreckt sich die Breite
verbleibenden Lebens
Im glänzenden Asphalt
ein Spiegeln des Himmels

Auf meiner Palette
tanzen wieder fröhliche Farben
Ich hänge das schönste Bild
an den Horizont
meiner Träume

Davongekommen

Noch einmal davongekommen
haarscharf an des Messers Schneide
deine Zeit nicht reif genug

neue vielleicht letzte Chance
zum Reparieren was entzwei
das Leben auszuloten

an deinem Wegrand
warten immer noch
ungelebte Möglichkeiten

Denke stets daran:
so jung wie heute
wirst du nie mehr sein

... wie früher wollen wir wieder
tanzen und glücklich sein ...

Heimkehr

in blühenden Frühlingsgrüßen
sendest du mir zur Genesung
deine guten Gedanken

umhülle mich sanft
mit deinem duftigen Tuch
aus indischer Seide

als fliegender Falter
kehre ich heim
in unseren Rosengarten

wie früher wollen wir
wieder tanzen
und glücklich sein

... es ist ein Engel,
der deinen Schlaf bewacht ...

Wie wird es sein

Wie wird es sein,
wenn meine Augen verglüh'n?
Wie wird es sein,
wenn der Mund nicht mehr lacht?

Sei ruhig, mein Schatz,
lass die Wolken ziehen,
schlafe, mein Lieb,
denn der Mond erwacht.

Wer zählt den Herzschlag
und die Sekunde?
Wer kennt den Abschied
und seine Zeit?

Nicht quälende Fragen
zu dieser Stunde.
Schlumm're, mein Schatz,
und fühl dich befreit.

Ziehn durch das Wolkenbett
Nebel so sacht?
Ertönt Jubelgesang
im hellen Schein?

Es ist ein Engel,
der deinen Schlaf bewacht.
Träum' dich, mein Lieb,
in den Himmel hinein.

Denn nur dort
wirst du die Antwort finden
auf deine Frage:
Wie wird es sein?

... breite über mir deine Flügel aus ...

Engel mit Harfe

Willst du mein Engel sein
spiel mir die Harfe
du Engel mein
dass sich erfreue
mein zagendes Herz

Willst du mein Engel sein
hilf tragen mein Leid
du Engel mein
lass mich erkennen
den höheren Sinn

Willst du mein Engel sein
sei mein Beschützer
du Engel mein
breite über mir
deine Flügel aus

Willst du mein Engel sein
bewach' meinen Schlaf
du Engel mein
hülle mich ein
in himmlische Träume

Willst du mein Engel sein
spiel mir die Harfe
du Engel mein
verschmelze den Klang
mit meinem Gemüt

Gefühle

Was nehme ich mit
in das neue Jahr?
Intensive
Gefühle

Es streicheln
Blumen meine Augen
Musik meine Ohren
Sonnenstrahlen meine Haut
deine Liebe meine Seele

Sie erheben mich
aus der Schwere des Lebens
und lassen mich erahnen
den himmlischen Klang

Verwehtes Lied

Ein neuer Sommer
nimmt dich in die Arme.
Noch einmal rollt der Garten
seinen Blütenteppich aus.
Zart streichelt der Wind
dein schwarzes Haar.

Längst verwehte dein Lied
über den Dächern.
Du fühlst dich matt.
Tropfen wie Morgentau
an deinen Wimpern.
Getrübt ist dein Blick.

Dein qualvolles Lächeln
erstickt in Finsternis.
Und immer wieder
dieses Aufflackern
der Hoffung auf Heilung.
Trügerisches Weiterleben.

Siechtum

"Guten Morgen, Frau Doktor!"
So begrüße ich sie.
Sie öffnet die Augen
und staunt wie ein Kind.
Lächeln beim Anblick
der weißen Schnabeltasse.

Hungrig saugt sie
den warmen Morgenbrei
in sich hinein.
Dann wieder
schmerzverzerrt
das bleiche Gesicht.

Verkrampfte Glieder
dünn und steif.
Sprechen kann sie
schon lange nicht mehr.
Früher war sie
Kinderärztin.

Genug

Einst tanzte der Schelm
in deinen Augen
ein unsanfter Wind
hat dein Lächeln verweht

deine blaue Iris vollzog
einen Farbenwechsel
deine dunkle Pupille
erstarrte im Stehen

in deinem Marmor-Gesicht
steht in großen Lettern:
es ist genug
erlöse mich

Am Rand

des Schweigens

Hoffnungswinde
durchstreifen Halme
wie sanfte Wellen
zerfließen sie
in weiter Ferne
und irgendwo
am Horizont
Vergänglichkeit

Zwischen reifen Feldern
misst du deinen Weg
nur noch in Stunden
der Lebenshunger
ist gestillt
das letzte Flüstern
längst verhallt
am Rand des Schweigens

In der Allee

In der Allee,
wo die Bäume
eine Gasse bilden
und sich bei deinem
schweren Gang
wie zu einem
letzten Gruß verneigen,
dort, wo alle Linien
zu einem fernen Punkt
verschmelzen,
wohnt die Ahnung.
Deine Begleiter sind
der Glaube und die Hoffnung
an eine bessere Welt.
Wie eine alte Haut
streifst du ab die Pein
und lässt zurück
die Mühsal deines Lebens.
Nunmehr erleichtert
breitest du die Flügel aus
und fliegst in aller Stille
deinem Ziel entgegen.

... und es beschwört mich, das Leben hier
in einem anderen Licht zu sehen ...

Das Blütenbett

Der Kampf ist aus.
Du hast die Ewigkeit erreicht.
Bekränzt mit bunten Blüten
schläfst du in deinem letzten Bett
auf einem Berg der Kreuze.
Ich decke dich mit Liebe zu.

Obwohl ich weiß,
dass du in tiefer Erde ruhst, ist mir,
als lebtest du nicht nur in der Erinnerung.
Dieses Gefühl stärkt meine Sinne,
und es beschwört mich, das Leben hier
in einem anderen Licht zu seh'n.

In mich gekehrt
lass' ich die Zeit Revue passieren.
Auf deinem Blumenhügel tanzt der Wind.
Schwirrende Insekten lassen sich
an reich gedeckten Tischen nieder,
um ihr kurzes Dasein zu erhalten.

Alles ist vergänglich.
Schon lassen Rosen ihre Köpfe hängen.
Was jetzt nicht welkt, holt sich der Frost.
Der Tod bedeckt den Tod
und verbirgt vor meinen Augen
die Verwandlung deiner Seele.

... an seiner starken Schulter
finde ich sicheren Halt ...

Trost

Auf leisen Sohlen
hat sich der Tod
in das Leben geschlichen.
Trauer umklammert mein Herz.
Mein Liebster küsst Tränen
von meinem Gesicht,
leert gemeinsam mit mir
den Becher des Leides
bis auf den Grund.
An seiner starken Schulter
finde ich sicheren Halt.
Spürbare Nähe ist Trost
ohne Worte.
Doch Wunden heilen
kann nur die Zeit.
Und irgendwann,
ich glaube daran,
werden wir gemeinsam
aus dem klaren Brunnen
der Freude trinken.

... menschliche Hülle auf langer Reise
ist nicht allein ...

Straße zum Finale

(zum Titelbild)

Lebt wohl,
ihr Lieben.
Zu treuen Händen
überlasse ich euch
meine irdische Habe.
Ich war nur ein Gast
auf dieser Welt.

Menschliche Hülle
auf langer Reise
ist nicht allein.
Sie folgt den Spuren
der Generationen,
die in dem Schoß
dieser Erde ruh'n.

Jenseits von Raum und Zeit
werden die Seelen
sich finden.
Im Glauben
an die Unendlichkeit
bekommt der leidvolle Tod
ein and'res Gesicht.

Aufbruch

aus der Stille

Was ist es,
das mein Herz bewegt?

Ist es das Korn
auf jenem Feld, das mich
mit Dankbarkeit erfüllt?
Oder dieser schmale Pfad,
der am Horizont
im Nichts verschwindet?
Ist es des Himmels Weite
und der Glaube
an das Immerwährende?

Meine andachtsvolle Stille
durchbricht
ein jubelnder Gesang.
Es ist die Lerche,
die mit leichtem Flügelschlag
sich in die Lüfte schraubt
und in höchsten Tönen
die Geburt
des neuen Lebens preist.

Das ist es,
was mein Herz bewegt.

Anhang

Bildernachweis

Evita Gründler

- Freischaffende Malerin in Regensburg
- Illustratorin der Evita-Gründler-Bibel
  mit 84 Bildern, Pattloch-Verlag 1996,
  (Originale 80 x 80 cm Acryl auf Holz)
- Veröffentlichungen in zahlreichen
  Buchverlagen, Zeitschriften, Magazinen,
- Rundfunk- und Fernsehübertragungen

Symbiose

Unvergesslich
ist der Tag,
an dem wir uns
begegnet sind.
In deinen Armen
lag ein Bild,
auf meinen Lippen
tanzte ein Gedicht.
Lass uns ein Stück
gemeinsam gehen,
sagtest du zu mir.
Bild und Wort
verwoben wir
zu einem festen
Freundschaftsband
und nannten es
Symbiose'.

Die Bilder von Evita Gründler sind vom Ursprung her als malerisch umgesetzte Bibelzitate zu verstehen. Lassen Sie sich als Leser und Betrachter dieses Büchleins anhand der Quellenangabe zum Nachschlagen anregen.

Für "Unterwegs sind wir alle" haben Evita und ich ihre Motive meinen eigenen Texten zugeordnet. Aber ich ließ mich auch von ihren Bildern zu neuen Gedichten inspirieren.

Bilder-Reihenfolge

Quellenangabe
zu Bibelzitaten
(nach Einheitsübersetzung)

Bilder-Reihenfolge	Quellenangabe
1. Sequenzen	1. * Ps. 104,12
2. Wechselspiel	2. * Joh. 14, 6
3. Im Zauberland der Träume	3. * Ps. 92, 3
4. Schäferstunden	4. * Eph. 5, 21
5. Grenze	5. * Sir. 13, 25
6. Verregneter Sommer	6. * Ps. 103, 15
7. Promille	7. * Titel: "Der Clochard"
8. Dein Weg	8. * Joh. 14, 6
9. Tiefe	9. * Math. 104, 16 - 19
10. Wandern auf Kreta	10. * Ps. 96, 11- 12
11. Afrika	11. * Math. 6, 11
12. In Eintracht	12. * Off. 21, 4
13. Köpfe denken …	13. * Math. 18, 20
14. Mystische Stille	14. * Ps. 39, 13
15. Schöpfungsakt …	15. * Ps. 84, 6
16. Heimkehr	16. * Ps. 30, 6 und 12
17. Wie wird es sein	17. * Ps. 34, 15
18. Engel mit Harfe	18. * Ps. 139, 8 - 12
19. Das Blütenbett	19. * Joh. 11, 25
20. Trost	20. * Jes. 66, 13
21. Straße zum Finale	21. * Ps. 119, 19

Widmungen
und 'Ideen-Geber'

Erstes Kapitel
... in Gedankenwelten

Sequenzen ... *für Adrian*
Wechselspiel
Zauberland der Träume ... *für Gisela*
Schäferstunde
Tollkirsche ... *für Claudia*
Konträr ... *für Rudolf*
Grenze
Verregneter Sommer
Promille ... *für Charly*
Arbeislosen-Klage
Grenzerfahrung ... *für Roland*
Dein Weg
Liebe, unergründlich
Im Schatten deiner Flügel
         ... für Manfred
Tiefe
Kann nur, wenn ...
Der Wunsch
Reise in die Erinnerung
     ... für Elisabeth und Friedrich

Zweites Kapitel
... fern von Zuhaus

Grüß Gott ... *für Manfred*
Meine Insel ... *für die Autorin*
Bombolo ... *für Norbert*
Italienische Impressionen ... *für Horst*
Wandern auf Kreta ... *für Heidi und Harald*
Wüstenschiff im gelben Sand ... *für Marcel*
Afrika ... *für Heinz*
In Eintracht ... *für George W*

Kontraste ... *für Sarah und Simon*
Das Labyrinth ... *für Ruth*
Köpfe denken, Herzen lenken ...
    ... *für Michael und Herbert*

Drittes Kapitel

... auf besinnlichen Pfaden

Mystische Stille ... *für Marcel*
Schöpfungsakt und Lebenskreis ...
    ... *für Roland*
Energie durch Zuwendung
    ... *für Anna und Josepha*
Herbstliches ... *für Moni*
Winterspaziergang ... *für Uschi*
Perspektiven
Davongekommen
Heimkehr ... *für Josi*
Wie wird es sein ... *für Rita und Karl-Heinz*
Engel mit Harfe ... *für Morija*
Gefühle ... *für Doris*
Verwehtes Lied ... *für Doris*
Siechtum ... *für eine Dame im Altenheim*
Genug ... *für Elfriede*
Am Rand des Schweigens ... *für Monika*
In der Allee ... *für Anni*
Das Blütenbett ... *für Doris*
Trost ... *für Isa und Heinz*
Straße zum Finale *(zum Titelbild)* ... *für Evita*
Aufbruch aus der Stille ... *für Herbert*

Inspirationen durch

Galerie 'forum', Usingen
Galerie Evita Gründler, Regensburg
Galerie Schumacher, Zwingenberg
Artelino, Kulturkreis Usinger Land
Hospiz 'Arche Noah', Schmitten

Wortschöpfer

Wortschöpfer,
ob bekannte oder unbekannte,
modellieren Gedichte und Geschichten
wie Bildhauer ihre Skulpturen,
verleihen ihnen Ausdruck und Farbe
wie Maler ihren Bildern,
schenken ihnen Lebendigkeit
aus der Fülle des eigenen Lebens.
Mit Herzblut hängen sie
an den geschaffenen Werken
wie eine Mutter an ihren Kindern.

Gelungen oder nicht gelungen,
entdeckt oder unbeachtet,
eines Tages lassen sie sie los,
die geistigen Hirngespinste, diese
schmerzlich geborenen Geschöpfe,
schieben sie hinaus
ins entfernte Eigenleben.
Einige von ihnen
werden in aller Munde sein,
andere in Windeseile
in Vergessenheit geraten.

Wortschöpfer
sind einsame Sämänner,
die mit ihrem Ideenreichtum
literarische Felder bestellen,
denn das besonnen ausgereifte Wort
kann des Menschen Seele nähren.
Ob bekannte oder unbekannte,
gefühlsbetont sind sie alle,
und nach getaner Arbeit
versinken sie erschöpft
in Wohlgefallen.